À Estérelle, fée des bonnes idées
(et des pâtes à tartiner).

Pour être tenu au courant de nos publications, envoyez vos coordonnées à :
La Plage – 8, rue du Parc – 34200 Sète
edition@laplage.fr
www.laplage.fr

ISBN : 978-2-84221-242-1
Conception graphique : David Cosson – dazibaocom.com
Correction : Clémentine Bougrat
Photogravure : Atelier Six, Montpellier
Imprimé sur du papier FSC (issu de forêts gérées durablement), à Barcelone sur les presses de Beta (ES) imprimeur labellisé pour ses pratiques respectueuses de l'environnement.

MES PÂTES À TARTINER
SUCRÉES & SALÉES

Clea

Photographies de Carrie Solomon

éditions la plage

SOMMAIRE

Pourquoi faire ses pâtes à tartiner maison ? **6**

Les « superingrédients » des pâtes à tartiner **8**

Conservation **10**

Faire soi-même ses purées d'oléagineux **12**

Faire soi-même ses pâtes de fruits séchés à tartiner **14**

Étape recyclage **15**

LES CLASSIQUES REVISITÉS **16**

Les houmous **18**

Les guacamole **20**

Les caviars d'aubergine **22**

Les tapenades **24**

Les pâtés et rillettes **26**

Les fromages végétaux **28**

Les pâtes à tartiner chocolatées **30**

Les *lemon curd* **32**

LES PRIMEURS À TARTINER 34

Avec des carottes 36

Avec des poivrons rouges 38

Avec des graines germées et des jeunes pousses 40

Avec des petits pois 42

Avec des fruits rouges 44

Avec des pommes 46

Avec des tomates 48

MON PLACARD POUR UNE TARTINE 50

Avec des conserves méridionales 52

Avec des haricots azukis 54

Avec des lentilles 56

Avec des graines de tournesol 58

Avec des algues 60

Avec des dattes 62

Avec du miso 64

Avec de la pâte ou de la purée d'amande 66

Avec du pain et des biscuits 68

Index des recettes salées 70

Index des recettes sucrées 71

POURQUOI FAIRE SES PÂTES À TARTINER MAISON ?

Guacamole, houmous, caviar d'aubergine, pâte à tartiner à la noisette et au cacao ou encore pâte de spéculoos… On trouve dans le commerce toutes sortes de pâtes à tartiner prêtes à être dégustées. On trouve également très facilement des pâtés végétaux en conserve, que l'on déguste d'autant plus sereinement qu'on ne lit pas de trop près la liste des ingrédients. Mais il est tout aussi facile de trouver, sans même chercher, de très bonnes raisons de les faire soi-même.

Pour commencer, faire soi-même ses pâtes à tartiner, c'est l'assurance de savoir ce que l'on met dedans : de bons produits, bio, de saison, que l'on a eu envie de tartiner parce qu'ils nous faisaient de l'œil et qu'on voulait profiter de leur fraîcheur. C'est aussi la certitude de savoir ce que l'on n'y met pas : pas d'huiles « trans », de sirop de glucose-fructose, de conservateurs…

Et puis, si l'on veut les faire soi-même, c'est peut-être parce que l'on n'a pas trouvé son bonheur sur les étalages pourtant si bien garnis de son supermarché. Parce que si, un beau matin, on a envie d'une pâte à tartiner aux carottes, au miso et aux graines de courge, on ne sera vraiment pas mieux servi que par soi-même !
Enfin, faire ses pâtes à tartiner, ce n'est vraiment pas sorcier... En général, quelques bons ingrédients et un tour de mixeur suffisent. Il serait dommage de s'en priver et d'acheter au prix fort des petits délices aussi vite faits.
Cerise sur le gâteau : ces petits pots bien remplis, il suffit de les étiqueter et de les enrubanner pour en faire de ravissants cadeaux gourmands. Plus sympa qu'un bouquet de fleurs...

Ce petit livre est divisé en 3 grandes parties.
1. Les grands classiques revisités : houmous, caviar d'aubergine, guacamole, pâte à tartiner au chocolat, *lemon curd*... On les connaît, on les a déjà faits, on les a peut-être même assez vus comme ça ? Oui, mais... c'est justement parce qu'ils sont classiques qu'ils sont incontournables et que grands comme petits les apprécient. Ce qui n'empêche pas de leur apporter une petite touche d'originalité.

2. Les pâtes à tartiner « primeurs » : une foultitude de recettes malignes pour utiliser les fruits et légumes frais de saison. Petits pois, carottes, fruits rouges ou encore graines germées, tous sont bons à être tartinés. On a tout à gagner à profiter de leur fraîcheur pour réaliser des pâtes à tartiner riches en goût et en vitamines.

3. Les pâtes à tartiner du placard : ce sont celles du dimanche soir, celles des frigos vides, qui sont là pour prouver que si, il y a de quoi préparer une délicieuse pâte à tartiner en un tour de main, avec des produits qu'on a toujours sous la main : miso, tomates séchées, fruits secs...

La grande majorité des recettes de ce livre est réalisée **sans œufs, sans lait de vache et sans gluten,** à quelques exceptions près.

LES « SUPERINGRÉDIENTS » DES PÂTES À TARTINER

Ces « superingrédients » sont véritablement incontournables. Les premiers apportent de la texture et les seconds sont à utiliser comme exhausteurs de goût. Il ne vous reste plus qu'à bien les combiner…

Pour la texture :

- L'avocat, pour un crémeux bien dense.
- La banane ou la châtaigne, à la fois crémeuses et légèrement farineuses.
- Le pain ou les flocons de céréales, pour rattraper une pâte trop liquide.
- Les légumineuses, fraîches (petits pois, fèves) ou séchées (lentilles, haricots, pois cassés), permettent d'obtenir une purée dense et goûteuse, base idéale.
- Les oléagineux (amandes, noisettes, noix), les graines (tournesol, courge, sésame) et leur purée apportent liant et tenue.

- Les produits laitiers (yaourt, fromage frais) ainsi que les produits frais à base de soja (tofu, yaourt) sont une base à la fois dense et légère.
- Agar-agar, arrow-root et autres fécules (maïs, pomme de terre) sont les petites poudres magiques qui permettront aux mélanges les plus liquides de bien se tenir.

Pour le goût :

- Le miso, typé et japonisant.
- La purée d'umebosis, bien acidulée.
- La levure maltée, dont la saveur rappelle celle du fromage gratiné.
- Les champignons séchés, un concentré de saveur.
- La moutarde, à choisir forte ou à l'ancienne selon l'effet désiré.
- Les épices : piment, paprika, gingembre, cannelle, vanille, muscade…
- Les oignons en flocons, la purée d'ail ou de basilic, ou encore la poudre de tomate, aides culinaires très utiles.
- Le raifort, le gingembre frais et le wasabi, pour apporter du piquant et de la fraîcheur.
- Les herbes séchées (celles du rayon tisanes !), émiettées, sont également indispensables.

CONSERVATION

Les pâtes à tartiner maison ont une durée de vie beaucoup plus courte que celle des confitures, par exemple. Généralement réalisées à base de produits très frais (fruits et légumes crus, œufs, laits végétaux…), elles sont à conserver au réfrigérateur et à consommer en quelques jours. La règle est simple : plus elles contiennent de sucre, mieux elles se conservent ; plus elles contiennent d'œufs et plus il faut les consommer rapidement.

Certaines pâtes à tartiner, comme celles au chocolat, peuvent se conserver en dehors du réfrigérateur, ce qui leur épargnera de durcir. Mais leur durée de vie n'excédera pas la semaine.

Une fois que vous les avez réalisées, conservez vos pâtes à tartiner dans des bocaux (de type pots de confiture) que vous aurez bien nettoyés à l'eau chaude savonneuse, voire stérilisés (impératif si vous voulez les offrir). Pour ce faire, vous pouvez les ébouillanter pendant 5 minutes ou bien les placer à four doux (120-140 °C) pendant une vingtaine de minutes. Mieux vaut éviter les récipients en plastique, qui absorbent les graisses et les odeurs.

Les pâtes à tartiner ne supportent pas bien la congélation, qui dénature leur consistance.

Les recettes de ce livre sont conçues pour des petites quantités de pâte à tartiner. Si vous avez prévu d'en offrir, n'hésitez pas à doubler les proportions… Mais offrez-les vite !

FAIRE SOI-MÊME SES PURÉES D'OLÉAGINEUX

Purée d'amande, de noisette, de cajou, beurre de cacahuète… Il est tout à fait possible de faire soi-même ses purées d'oléagineux si on le souhaite. À vous de comparer les prix au kilo des oléagineux et de leur purée du commerce pour voir s'il est intéressant de les faire maison : ce n'est pas forcément le cas. Mais si vous voulez créer des mélanges de saveurs inédits et avoir la satisfaction de dire « c'est moi qui l'ai fait ! », voici la marche à suivre.

L'exemple de la purée d'amande

Avant de commencer, 2 options s'offrent à vous pour rendre les amandes plus faciles à réduire en purée :

1. Les toaster, entières et avec leur peau, au four, jusqu'à ce qu'elles soient bien brunes. Vous aurez alors une purée d'amande complète toastée.
2. Les faire tremper pendant 1 nuit, puis les monder ou les laisser germer pendant 48 heures, en les humidifiant 2 fois par jour. Vous aurez alors une purée d'amande blanche (amandes mondées) ou complète (amandes avec la peau), crue.

Pour broyer les amandes, il suffit de les placer dans le bol d'un mixeur avec lame métallique en S, en recouvrant bien celle-ci pour qu'elle ne tourne pas dans le vide. Mixer pendant 30 secondes pour obtenir une poudre d'amande. Faire une pause (il est important que le mixeur ne s'échauffe pas). Mixer ainsi par périodes de 30 secondes, en faisant de longues pauses entre chaque période. Au bout de quelques minutes (4 à 5 pour les amandes toastées, plutôt 15 pour les amandes crues), l'huile des amandes va transformer la poudre en pâte. Il faut faire preuve de patience et ne jamais oublier de laisser le robot se reposer. On peut également accélérer le mouvement en ajoutant un peu d'huile végétale pour que la purée se forme plus rapidement.

Mise en garde

Attention, la plupart des robots ménagers n'aiment pas mixer pendant trop longtemps. Ils peuvent s'échauffer et « fondre » à l'intérieur (c'est du vécu !). Respectez donc bien les précautions énoncées ci-contre.

Vous pourrez réaliser ainsi :

- De la purée de noisette.
- De la purée de cajou.
- Du beurre de cacahuète.
- Du beurre de pignon de pin (introuvable dans le commerce).
- Du beurre de noix (inédit également, mais attention, il rancit très vite).
- Du tahin ou de la purée de sésame (en ajoutant nécessairement de l'huile de sésame).
- De la pâte de pistache.
- De la purée de noix de pécan, du Brésil ou de macadamia (ou un délicieux mélange de tout cela).
- Du beurre de graine de courge (introuvable dans le commerce).
- Du beurre de tournesol (en faisant tremper les graines), très original lui aussi.

Libre à vous de confectionner des mélanges (cajou-noisette, amande-pistache…) et de sucrer ces purées, par exemple avec du sirop d'agave, dont le goût neutre est vraiment parfait pour ce type de préparations. Mon mélange fétiche : noix de cajou, de macadamia et du Brésil – doux et ultrasavoureux.

Conservation

Contrairement aux purées d'oléagineux du commerce, les purées maison sont à conserver au réfrigérateur et à utiliser dans les 3 mois environ, car l'huile peut rancir rapidement. Mieux vaut donc en réaliser de petites quantités.

FAIRE SOI-MÊME SES PÂTES DE FRUITS SÉCHÉS À TARTINER

Rien de plus simple que de réaliser des pâtes de fruits séchés à tartiner. Naturellement sucrés et moelleux, les fruits séchés bio ne nécessitent qu'une très légère réhydratation avant d'être mixés pour donner une pâte très onctueuse.

Pour la réhydratation, 3 solutions s'offrent à vous :

1. **La cuisson à la vapeur douce :** au cœur d'un bain de vapeur, les fruits séchés vont se réhydrater lentement mais sûrement. Comptez 20 à 30 minutes, selon leur degré de déshydratation.

2. **La réhydratation dans un peu d'eau ou de thé chaud :** s'il vous reste une tasse de thé après le petit déj', c'est l'idéal. Laissez tremper les fruits séchés pendant quelques minutes ou même plusieurs heures avant de les égoutter.

3. **La cuisson à l'étouffée :** vous pouvez faire cuire les fruits séchés dans une casserole, avec 1 verre d'eau ou de jus de fruits, pendant 10 à 15 minutes. C'est la solution la plus expéditive.

Une fois les fruits bien moelleux, les dénoyauter au besoin et les mixer, seuls, à plusieurs ou avec d'autres ingrédients (banane, purée d'oléagineux, compote de fruits frais, fruits crus…). Ajouter un peu d'eau de trempage ou de cuisson si besoin.

Les fruits séchés qui font les meilleures pâtes à tartiner :

- Les pruneaux bien sûr – leur texture est inimitable.
- Les dattes, naturellement très sucrées.
- Les figues, qui apportent en bonus une petite note croquante.
- Les abricots, poires, pommes ou mangues.

ÉTAPE RECYCLAGE

J'en fais quoi quand il en reste ?

Avec des pâtes à tartiner salées :

- De délicieux croque-monsieur (en ajoutant pourquoi pas du fromage de chèvre frais ou du fromage à pâte dure, qui pourront fondre et se mélanger avec la tartinade).
- De jolies verrines (en alternant quelques cuillerées de tartinade avec des crudités coupées en petits dés ou des mousses de légumes).
- Des petites terrines (en garnissant de pâte à tartiner des ramequins dont vous aurez couvert le fond de lanières de courgette crue, d'aubergine ou de poivron grillés).
- Des garnitures pour tartes salées (en tartinant le fond de tarte avant de le couvrir de légumes râpés ou en rondelles).

Avec des pâtes à tartiner sucrées :

- Des garnitures pour tartes et tartelettes (en remplissant généreusement des fonds de tarte préalablement cuits à blanc).
- Une base pour des cakes et gâteaux, en remplacement du beurre par exemple (notamment si la pâte à tartiner contient beaucoup de purée d'oléagineux).
- Des garnitures pour gâteaux roulés, bûches, charlottes ou gâteaux au yaourt.
- Un fourrage pour des sandwichs de biscuits.
- De jolies verrines (en alternant pâte à tartiner, fromage blanc ou yaourt de brebis sucré, miettes de biscuits et fruits de saison).

LES CLASSIQUES
REVISITÉS

Incontournables, les grands classiques des pâtes à tartiner (houmous, guacamole, cacao-noisette…) ne sont pas pour autant immuables. Allégés, customisés, voire transformés, ils sont toujours capables de surprendre.

LES HOUMOUS

C'est « le » grand incontournable des pâtes à tartiner salées – normal qu'il ouvre le bal ! Vous pouvez bien entendu remplacer les pois chiches secs par des pois chiches en conserve, déjà cuits. Mais ayez bien en tête que le résultat final sera, gustativement parlant, très différent. Si la cuisson des pois chiches vous semble relever de la corvée, faites-en cuire un peu plus que nécessaire : vous les apprécierez, en salade ou en accompagnement d'un plat de céréales, lors d'un autre repas pour lequel vous n'aurez presque plus rien à préparer.

HOUMOUS À LA LIBANAISE ➢

125 g de pois chiches secs, 1 morceau d'algue kombu, 2 c. à soupe de tahin, 2 c. à soupe d'huile d'olive, 2 gousses d'ail pressées, 1 bonne pincée de sel, le jus de 1 citron, 2 c. à café de graines de cumin

La veille, mettre les pois chiches à tremper dans un grand saladier d'eau. Le jour J, les rincer puis les placer dans une grande cocotte, avec l'algue kombu. Couvrir largement d'eau, porter à frémissements et laisser cuire pendant 1 h 30 environ. Filtrer en réservant le jus de cuisson. Ôter l'algue. Laisser tiédir, puis enlever les petites peaux des pois chiches en pressant chacun entre le pouce et l'index (la peau part toute seule). Placer dans le bol du mixeur, avec les autres ingrédients. Mixer pour obtenir une purée fine. Ajouter un peu de jus de cuisson selon la consistance désirée. Mettre en pot et conserver au frais.

POUR CHANGER

- **Houmous rose :** mixer en ajoutant 1 petite betterave (le goût sera différent selon que la betterave est crue ou cuite).
- **Houmous vert :** mixer en ajoutant 2 belles poignées de jeunes pousses d'épinard fraîches.
- **Houmous light :** remplacer l'huile par la moitié d'un yaourt (de brebis ou de soja par exemple).
- **Houmous presque cru :** utiliser 150 g de pois chiches trempés et mis à germer pendant 3 jours, puis blanchis 1 minute dans une casserole d'eau frémissante.
- **Houmous de haricot blanc :** remplacer les pois chiches par des haricots cannellinis.

LES GUACAMOLE

Un autre vrai classique, qu'il est très facile de rater si l'on oublie un ou deux ingrédients… L'avocat est un « superingrédient » pour les recettes de pâtes à tartiner salées comme sucrées. Rapide à préparer et ne nécessitant aucune cuisson, il apporte une grande onctuosité aux préparations. Son plus grand défaut est de noircir rapidement au contact de l'air et de la lumière ; aussi, n'oubliez pas de bien le citronner dès la découpe.

GUACAMOLE CLASSIQUE ➣

2 citrons verts, 3 avocats, 1 petite tomate, 1 oignon nouveau, 5 gouttes de sauce piquante, 1 c. à café de paprika, 1 bonne pincée de sel

Presser les citrons verts et placer leur jus dans le bol du mixeur. Couper les avocats et prélever la chair à la petite cuillère. Mixer avec le jus de citron. Couper la tomate en deux puis ôter les pépins et le jus. La couper en dés. Hacher l'oignon. Mixer la tomate et l'oignon avec l'avocat, les épices et le sel. Mettre en pot et conserver au frais.

GUACAMOLE IODÉ

15 g d'algues fraîches conservées au sel, 1 citron vert, 2 avocats, 1 c. à café de purée d'umebosis, 2 c. à soupe de crème de soja, 1 bonne pincée de sel

Rincer les algues à 3 reprises dans un bol d'eau claire, pour les dessaler. Inutile de laisser tremper (l'opération ne prend que 1 minute). Presser le citron vert et placer son jus dans le bol du mixeur. Couper les avocats et prélever la chair à la petite cuillère. Mixer avec le jus de citron, les algues, la purée d'umebosis, la crème de soja et le sel. Mettre en pot et conserver au frais.

POUR CHANGER

- **Guaca-houmous :** ajouter 1 ou 2 avocat(s) à la recette de base du houmous (voir page 18).
- **Guaca-chèvre :** pour un guacamole tout doux, ajouter 100 g de chèvre frais à la recette de base et remplacer la sauce piquante par 1 c. à café de thé matcha en poudre.

LES CAVIARS D'AUBERGINE

Long et besogneux, le caviar d'aubergine ? Pas si l'on utilise des aubergines bio, dont il est inutile d'ôter la peau. Elle sera suffisamment tendre pour être mixée comme si de rien n'était. Si vous souhaitez peler les aubergines malgré tout, faites-les griller entières au four, ouvrez-les et grattez leur chair à l'aide d'une petite cuillère. Si vous utilisez de belles aubergines bien fermes, pas trop grosses – et de saison bien sûr –, il sera inutile de les faire dégorger.

CAVIAR D'AUBERGINE ÉPICÉ ➢

2 aubergines, 2 c. à soupe de purée de cajou, 2 c. à soupe d'huile, 1 gousse d'ail pressée, ½ c. à café de sel, 1 citron jaune pressé, 2 c. à café de gingembre ou de cumin en poudre

Laver les aubergines. À l'aide d'un couteau à pain, les couper en tranches. Les cuire à la vapeur pendant 20 minutes puis placer dans le bol du mixeur, avec les autres ingrédients. Mixer pour obtenir une purée bien fine. Mettre en pot et conserver au frais.

CAVIAR D'AUBERGINE FUMÉ

1 aubergine, 125 g de tofu fumé, 1 c. à soupe d'huile d'olive, 2 échalotes, 1 c. à café de moutarde forte, 1 bonne pincée de sel

Laver l'aubergine. À l'aide d'un couteau à pain, la couper en tranches. Les cuire à la vapeur pendant 20 minutes puis placer dans le bol du mixeur, avec les autres ingrédients. Mixer pour obtenir une purée bien fine. Mettre en pot et conserver au frais.

POUR CHANGER

- **Caviar d'aubergine au yaourt de brebis :** remplacer l'huile et la purée de cajou de la version épicée par 150 g de yaourt de brebis entier. On peut aussi utiliser du paprika au lieu du gingembre.
- **Caviar de ratatouille :** si vous avez un reste de ratatouille ou d'aubergines cuites avec des tomates, vous pouvez vous contenter de les mixer avec du fromage de chèvre frais et quelques feuilles de basilic.

LES TAPENADES

Classique des classiques au rayon des recettes méridionales, cette purée d'olive aux câpres est une véritable bombe calorique. Pour l'alléger un peu, rien de tel que de l'allonger avec des ingrédients volumineux mais peu gras : tofu soyeux, faisselle, yaourt, légumineuses, etc. Grâce à la force gustative des olives, le résultat obtenu restera savoureux sans qu'il soit nécessaire d'ajouter du sel. En revanche, je décline toute responsabilité si vous osez affirmer face à un Méditerranéen pure souche qu'il s'agit toujours de vraie tapenade !

TAPENADE DOUCE AUX FÈVES ➢

200 g de fèves dérobées, 100 g d'olives vertes dénoyautées, 100 g d'olives noires dénoyautées, 2 c. à soupe de câpres, 2 c. à soupe d'huile d'olive, 150 g de fromage de brebis frais, 1 bonne pincée de sel

Porter 1 litre d'eau à ébullition et y plonger les fèves pour 1 minute. Égoutter. Laisser tiédir et ôter la peau blanche. Placer les fèves dans le bol du robot, avec les olives, les câpres, l'huile et le fromage. Saler et mixer pour obtenir une purée fine. Mettre en pot et conserver au frais.

TAPENADE D'OLIVE VERTE AUX AMANDES

100 g d'amandes, 200 g d'olives vertes dénoyautées, 2 c. à soupe de câpres, 200 g de faisselle de chèvre ou de brebis

Placer les amandes dans une casserole remplie d'eau. Porter à frémissements, couper le feu et laisser tremper pendant quelques minutes. Ôter la peau des amandes en pressant avec le bout des doigts, comme pour peler des fèves fraîches. La peau part toute seule. Placer les amandes, les olives et les câpres dans le bol d'un hachoir électrique. Mixer plus ou moins grossièrement selon la consistance désirée. Incorporer la faisselle battue. Mettre en pot et conserver au frais.

POUR CHANGER

- **Tapenade d'olive noire au tofu :** mixer 100 g d'olives noires avec 100 g de tofu et le jus de ½ citron jaune.
- **Tapenade à l'orange :** mixer un mélange d'olives vertes et noires avec un peu de jus d'orange fraîchement pressée. On peut détendre cette tapenade en la mixant avec 1 boîte de pois chiches égouttée.

LES PÂTÉS ET RILLETTES

Végétalisés, les rillettes et le pâté n'ont vraiment rien à envier à leurs équivalents charcutiers. Bien moins gras, beaucoup plus frais et originaux, ils croquent et fondent tout en saveur. Les légumes crus hachés font des rillettes plus vraies et plus vitaminées que nature. Quant au pâté, il est obtenu avec force ingrédients 100 % bio : miso, ail, noix et graines de tournesol.

PÂTÉ VÉGÉTAL NOIX-TOURNESOL ➢

65 g de graines de tournesol, 65 g de cerneaux de noix, 4 c. à soupe d'huile de colza, 1 c. à café d'origan ou d'estragon séchés, 1 c. à café de miso, 1 c. à café de purée d'ail, 1 bonne pincée de sel

La veille, faire tremper les graines de tournesol dans un bol d'eau. Le jour J, ôter les petites peaux qui remontent à la surface dès que l'on mélange un peu et passer les graines au hachoir électrique. Ajouter le reste des ingrédients et broyer finement. Mettre en pot et conserver au frais.

RILLETTES CRUES AU FENOUIL

1 petit fenouil bien frais, 2 c. à soupe d'huile d'olive, 1 c. à soupe de purée d'amande blanche, 1,5 c. à café de miso, 1 c. à café d'estragon séché, 1 bonne pincée de sel

Couper le fenouil en petits morceaux. Les placer dans le bol du mixeur et broyer grossièrement. Ajouter les autres ingrédients et broyer le plus finement possible. Il est normal qu'il reste des petits morceaux, la consistance finale n'est pas crémeuse. Mettre en pot et conserver au frais.

POUR CHANGER

- **Rillettes de soja :** faire tremper 1 verre de protéines de soja texturées, puis égoutter et hacher finement. Couvrir d'eau et cuire à feu doux jusqu'à ce que l'eau soit absorbée. Mixer grossièrement, avec 1 grosse c. à soupe de beurre de cacahuète, un peu d'ail et les épices de son choix.
- **Pâté végétal aux champignons :** procéder comme pour la recette du pâté noix-tournesol, en ajoutant quelques champignons de Paris émincés et juste poêlés au moment de mixer.

LES FROMAGES VÉGÉTAUX

Il peut être surprenant de voir combien quelques ingrédients végétaux bien combinés peuvent donner un goût de fromage. Miso, citron, noix de cajou, levure maltée, tofu… Sans une once de lait animal, ces petits fromages à tartiner sont légers et goûteux.

FAUX-MAGE À TARTINER À L'AIL ET AUX FINES HERBES ➢

125 g de tofu nature, 4 c. à café de purée de basilic, 1 c. à café de purée d'ail, 1 bonne pincée de sel

Couper le tofu en cubes. Le faire cuire à feu doux pendant 10 minutes dans une petite casserole d'eau, afin de bien le ramollir. Égoutter puis mixer avec la purée de basilic, la purée d'ail et le sel. Tasser ce mélange dans une petite tasse à café et placer au réfrigérateur. Démouler au moment de servir, comme un petit fromage frais.

FAUX-MAGE DE CAJOU

200 g de tofu soyeux, 2 c. à soupe rases de purée de cajou, ½ citron, 1,5 c. à café de miso, 1 c. à café de levure maltée, 1 bonne pincée de sel

Placer le tofu dans un chinois, au-dessus d'un bol. Poser un poids (bol, ramequin…) sur le tofu afin de le presser au maximum et d'en retirer tout le « petit-lait ». Laisser peser ainsi pendant 1 bonne heure, en vidant le bol de liquide de temps en temps. Une fois le tofu bien pressé, battre à la fourchette avec le reste des ingrédients. Mettre en pot et conserver au frais.

POUR CHANGER

- **Faux-mage à tartiner lactofermenté :** mixer 200 g de tofu lactofermenté en marinade bien égoutté.
- **Fromage blanc végétal aux fines herbes :** mélanger 150 g de tofu soyeux avec 1 c. à café de moutarde forte, 2 c. à café de purée d'ail, 1 pincée de sel et beaucoup de fines herbes ciselées.

LES PÂTES CHOCOLATÉES

Les tentatives d'imiter « la » fameuse pâte à tartiner de notre enfance, au cacao et aux noisettes (ainsi qu'au sirop de glucose-fructose, à l'huile de palme et autres joyeusetés), sont légion. Et même s'il est impossible d'obtenir un résultat absolument identique à l'original, ces versions maison ont de grandes chances de satisfaire les amateurs de pâtes à tartiner gourmandissimes.

PÂTE À TARTINER PRUNEAU-CACAO

12 gros pruneaux d'Agen, 15 g de cacao en poudre (ou de poudre de caroube), 50 g de purée d'amande complète

La veille, faire tremper les pruneaux dans un grand bol de thé chaud. Le jour J, égoutter en réservant le thé et dénoyauter les pruneaux. Mixer avec le cacao, la purée d'amande et un peu de thé de trempage, de manière à obtenir une crème onctueuse. Mettre en pot et conserver au frais.

PÂTE À TARTINER NOISETTE-CHOCOLAT... ➤

80 g de chocolat noir à pâtisser, 160 g de purée de noisette (du commerce ou maison), 80 ml de lait végétal, 40 g de sucre blond, 40 g de sirop d'agave

Faire fondre doucement le chocolat au bain-marie. Toujours dans le bain-marie, feu éteint, ajouter la purée de noisette et mixer à l'aide d'un mixeur plongeur pour bien l'incorporer. Faire chauffer le lait avec le sucre et le sirop d'agave. À l'aide d'une cuillère en bois, incorporer ce mélange dans celui au chocolat, puis verser dans un pot. Conserver à température ambiante et consommer impérativement dans les 5 jours. On peut conserver cette pâte à tartiner un peu plus longtemps au réfrigérateur, mais il faudra la sortir 10 minutes avant consommation pour qu'elle ne soit pas trop dure.

... ET SES VARIANTES

- **Vous pouvez remplacer :** le lait végétal par de la crème d'amande liquide, et la moitié du chocolat noir par du chocolat au lait.
- **Vous pouvez ajouter :**
  - quelques pincées d'épices : vanille, fève tonka, gingembre, piment d'Espelette... ;
  - quelques gouttes d'huile essentielle, délayées avec le sirop d'agave : orange, citron, pamplemousse, bergamote... ;
  - un peu d'extrait de café ou de poudre de chicorée instantanée ;
  - quelques cuillerées à café de granola, de spéculoos ou de Gavottes grossièrement broyés, pour une touche croustillante et très gourmande.

LES LEMON CURD

Traditionnellement, les « curds » d'agrumes sont des pâtes à tartiner à base de jus (de citron, d'orange...), de sucre, d'œufs et de beurre. Crémeux et savoureusement acidulés, ils sont très faciles à obtenir sur une base sans beurre, voire sans œufs. On peut bien entendu les tartiner, mais ils sont également délicieux en garniture de tartes.

LEMON CURD ➢

3 citrons, 80 g de sucre de canne blond, 2 œufs, 1 c. à café d'arrow-root, ¼ de c. à café d'agar-agar, 100 ml de crème d'amande liquide (facultatif)

Zester finement 2 citrons et presser les trois. Mélanger zestes et jus dans une casserole, avec le sucre, et chauffer à feu doux. Dans un bol, battre les œufs avec l'arrow-root et l'agar-agar. Ajouter la crème d'amande liquide. Verser le jus de citron chaud dans le bol puis reverser dans la casserole, tout en fouettant. Continuer à fouetter sur feu moyen jusqu'à épaississement. Mettre en pot et conserver au frais.

LEMON CURD SANS ŒUFS

2 citrons verts, 1 citron jaune, 80 g de sucre de canne blond, 2 c. à soupe de lait d'amande, 3 c. à soupe de fécule de maïs, 1 c. à soupe de purée d'amande blanche

Zester finement les citrons puis les presser pour en recueillir le jus. Mélanger zestes et jus dans une casserole, avec le sucre, et chauffer à feu doux. Dans un bol, battre le lait d'amande avec la fécule de maïs (préalablement délayée avec de l'eau) et la purée d'amande. Ajouter le jus de citron chaud puis reverser dans la casserole, tout en fouettant. Continuer à fouetter sur feu moyen jusqu'à épaississement. Mettre en pot et conserver au frais.

POUR CHANGER

- **Crème d'agrumes :** à la place du citron jaune, utilisez du citron vert, de l'orange, du pamplemousse ou tout autre agrume qui croise votre chemin.
- ***Lemon curd* qui change :** pour donner une touche originale à la crème de citron, on peut utiliser du miel, ajouter un peu d'infusion de verveine ou de thym citron, des graines de pavot...

LES PRIMEURS
À TARTINER

Rien de tel que de beaux fruits et légumes de saison pour réaliser des pâtes à tartiner fraîches, vitaminées et colorées. Oubliez momentanément les confitures et les longues conservations pour profiter de la fraîcheur de l'instant !

AVEC DES CAROTTES

Les carottes, on en a presque toujours sous la main, dans le panier du marché ou dans le bac à légumes du frigo. Mais on pense rarement à les tartiner – à tort !

CRUDINADE DE CAROTTE AUX GRAINES DE COURGE ➢

150 g de carottes, 40 g de graines de courge, 1 gousse d'ail, 200 g de faisselle de chèvre, 1 bonne pincée de sel, 1 c. à café de paprika doux

Éplucher les carottes. Les couper en petits morceaux et les placer dans le bol d'un hachoir électrique. Broyer. Torréfier les graines de courge au four à 180 °C (si le four est allumé pour un autre plat) ou dans une poêle à sec, pendant 5 à 10 minutes. Transférer dans le bol du hachoir et broyer avec les carottes. Ajouter l'ail pressé, la faisselle, le sel et le paprika. Broyer pour obtenir une pâte lisse. Mettre en pot et conserver au frais.

PÂTE À TARTINER CAROTTE-CACAHUÈTE

1 verre d'eau, 1 verre de lait de coco, 1 c. à café de curry en poudre, 1 verre de lentilles corail, 1 feuille de laurier, 2 carottes, 2 c. à soupe de purée de cacahuète, 1 bonne pincée de sel

Dans une casserole, verser l'eau, le lait de coco, le curry, les lentilles, le laurier et les carottes épluchées et coupées en rondelles. Porter à frémissements et laisser cuire tout doucement pendant 30 minutes. Laisser gonfler pendant 10 minutes, hors du feu, à couvert. Ôter le laurier et passer au mixeur, en ajoutant la purée de cacahuète et le sel. Laisser refroidir. Mettre en pot et conserver au frais.

POUR CHANGER

- **Pâte à tartiner carotte-miso :** procéder comme pour la pâte à tartiner cuite, en remplaçant le curry et le laurier par 1 c. à soupe de miso blanc et la purée de cacahuète par de la purée de cajou.
- **Crudinade carotte-mangue :** procéder comme pour la recette de crudinade, en remplaçant la faisselle par 1 mangue bien tendre, en supprimant l'ail et en remplaçant le paprika par du curry en poudre.

AVEC DES POIVRONS ROUGES

Les poivrons rouges, à la fois doux et savoureux, constituent une excellente base pour les pâtes à tartiner et pâtés végétaux en tout genre.

PÂTÉ VÉGÉTAL À LA MEXICAINE ➢

1 gros poivron rouge, 250 g de haricots blancs (poids net égoutté), 4 c. à soupe de levure maltée, 1 c. à soupe de beurre de cacahuète, le jus de 1 citron, ½ c. à café de sel, 1 c. à café de moutarde forte, 2 c. à café d'oignon déshydraté, 1 c. à café de piment en poudre

Couper le poivron en quatre, ôter les graines et les membranes blanches, puis le cuire à la vapeur pendant 15 minutes. Mixer avec le reste des ingrédients. Mettre en pot et conserver au frais.

PÂTE À TARTINER AUX POIVRONS GRILLÉS

3 poivrons rouges, 50 g de pignons de pin, 1 c. à soupe d'huile d'olive, 2 échalotes, 2 pincées de sucre blond, 250 g de tofu ferme nature, 2 c. à soupe de vinaigre balsamique, 1 bonne pincée de sel

Disposer les poivrons sur une plaque et placer sous le gril du four pour 15 minutes environ, en les retournant régulièrement. Laisser refroidir. Profiter de la chaleur du four pour torréfier les pignons, 8 minutes à 180 °C. Une fois les poivrons bien froids, ôter la peau qui part toute seule. Les couper en morceaux, en ôtant les pépins et les membranes blanches. Dans une poêle, faire chauffer l'huile puis ajouter les échalotes hachées et le sucre. Laisser confire pendant 5 minutes. Mixer avec les poivrons, le tofu, le vinaigre et le sel. Mettre en pot et conserver au frais.

POUR CHANGER

- **Pâté végétal poivron-miso :** cuire 35 g de crème de quinoa (farine précuite) dans 180 ml de bouillon au miso pendant 5 minutes. Mixer avec 2 poivrons rouges cuits à la vapeur, 5 tomates séchées marinées, 2 c. à soupe de l'huile des tomates, 1 bonne pincée de sel et quelques feuilles de basilic hachées.
- **Pâte à tartiner poivron-chèvre :** procéder comme pour la pâte à tartiner aux poivrons grillés, en remplaçant le tofu par 150 g de fromage de chèvre frais. Ajouter un peu de basilic fraîchement ciselé.

AVEC DES GRAINES GERMÉES ET DES JEUNES POUSSES

Les graines germées toutes crues sont un véritable concentré de vitalité. On les tartine dans des mélanges ultrafrais que l'on consomme sur-le-champ pour profiter au maximum de leurs bienfaits. Si vous faites germer des graines à la maison, vous pouvez les utiliser au bout de 3 à 4 jours de germination. Les jeunes pousses, à la saveur souvent plus prononcée, sont tout aussi intéressantes sur le plan nutritif. Les jeunes pousses apparaissent au-delà de la phase de germination sur certaines graines, comme soja et tournesol. On trouve jeunes pousses et graines germées prêtes à être consommées au rayon frais des magasins bio.

PÂTE À TARTINER VERT TENDRE ➢

50 g de jeunes pousses de tournesol, 80 g de feta, 1 citron jaune

Placer les jeunes pousses de tournesol dans le bol d'un hachoir électrique. Ajouter la feta émiettée et le jus du citron. Mixer pour obtenir une crème bien verte et onctueuse. Mettre en pot et conserver au frais.

CRUDINADE À LA POMME ET AUX GRAINES GERMÉES

1 pomme verte, 100 g d'un mélange de graines germées (pois chiches, lentilles et fenugrec par exemple), 2 c. à café de purée d'umebosis

Peler et découper la pomme. La placer dans le bol du mixeur, avec les graines germées et la purée d'umebosis. Broyer plus ou moins finement selon le résultat désiré. Si l'on souhaite que la pâte à tartiner ait plus de tenue, on peut ajouter un peu de tofu nature ou aux herbes, ou bien du fromage de chèvre ou de brebis frais. Mettre en pot et conserver au frais.

POUR CHANGER

On peut ajouter des graines germées dans toutes les recettes de pâte à tartiner salée, que ce soit simplement au moment de servir ou bien dans le mélange à mixer. Les choisir non seulement pour leurs qualités nutritionnelles, mais aussi pour la touche de saveur qu'elles apportent : les graines de poireau ou de radis germées donnent du piquant, les jeunes pousses de tournesol de la fraîcheur, les pois chiches germés du croquant…

AVEC DES PETITS POIS

Légumineuse fraîche, comme la fève, le petit pois est doux et légèrement farineux, ce qui en fait un ingrédient de base parfait pour les pâtes à tartiner, auxquelles il donne une belle couleur vert tendre. Hors saison, on pourra tout simplement le remplacer par des pois cassés.

PÂTE À TARTINER AUX PETITS POIS ET À LA MENTHE ➢

500 g de petits pois frais (poids net), 2 c. à soupe de purée d'amande blanche, 2 citrons verts, 2 c. à soupe de menthe séchée, 1 bonne pincée de sel

Cuire les petits pois pendant 10 minutes dans une casserole d'eau frémissante. Égoutter et placer dans le bol du mixeur. Ajouter la purée d'amande, le jus des citrons verts, la menthe séchée et le sel. Mixer finement. Mettre en pot et conserver au frais.

PÂTE À TARTINER À LA COURGETTE ET AUX POIS CASSÉS

1 verre de pois cassés, 1 grosse courgette, 2 c. à café de menthe séchée, 1 bonne pincée de sel

Placer les pois cassés dans une casserole. Ajouter 2 verres d'eau. Porter à frémissements et laisser cuire à feu très doux pendant 40 minutes (si on les fait tremper au préalable, la cuisson sera moins longue). Laver la courgette, la couper en cubes et les ajouter dans la casserole. Prolonger la cuisson de 20 minutes environ. Égoutter et placer dans le bol du mixeur, avec la menthe séchée et le sel. Mixer. Laisser refroidir. Mettre en pot et conserver au frais.

POUR CHANGER

- **Houmous de petit pois :** on peut remplacer les pois chiches par des petits pois frais dans les recettes de houmous (voir page 18).
- **Guaca-petit-pois :** mixer 250 g de petits pois avec 1 ou 2 avocats (selon leur taille), le jus de 2 citrons verts, 1 pincée de sel et 1 c. à café de paprika en poudre.

AVEC DES FRUITS ROUGES

Les tartines aux fruits rouges ne se conjuguent pas uniquement sur le mode des confitures... Moins sucrées, les pâtes à tartiner aux fruits rouges permettent de varier les plaisirs et de se régaler même si l'on ne dispose que d'une petite quantité de fruits à utiliser. Attention, contrairement aux confitures, elles ne se conservent que 1 semaine au réfrigérateur.

CHERRY CURD À L'AMANDE

250 g de cerises, 2 c. à soupe de sucre de canne blond, 1 c. à soupe d'arrow-root, 1 (très généreuse) c. à soupe de purée d'amande blanche

Laver et dénoyauter les cerises. Les placer dans une casserole, avec le sucre et 2 c. à soupe d'eau. Laisser compoter pendant 5 à 10 minutes sur feu doux. Mixer. Replacer dans une casserole, avec l'arrow-root. Bien mélanger, tout en laissant épaissir sur feu moyen pendant 5 à 10 minutes. Ajouter la purée d'amande, mettre en pot et laisser refroidir. Conserver au frais.

FRUITS ROUGES À TARTINER ➢

275 g de fruits rouges (framboises, mûres, groseilles, cassis, myrtilles...), 100 g de sucre de canne blond, 1 c. à soupe rase d'arrow-root, 3 œufs

Placer les fruits rouges et le sucre dans une casserole, et cuire à feu moyen pendant 10 minutes pour que les fruits rendent un maximum de jus. Mixer le jus et les fruits, puis passer au chinois pour recueillir le coulis. Dans une casserole, déposer l'arrow-root et le délayer avec un peu de coulis. Une fois le mélange homogène, ajouter le coulis restant et les œufs battus. Tout en mélangeant, faire épaissir sur feu doux. Mettre en pot et conserver au frais.

POUR CHANGER

- **Beurre de myrtille :** faire compoter 1 bol de myrtilles avec un tout petit peu de sucre (selon le goût). Lorsque les myrtilles ont rendu un peu de jus, ajouter ½ c. à café d'agar-agar et laisser frémir pendant quelques secondes. Ajouter 1 ou 2 c. à soupe de purée d'amande ou de noisette.

AVEC DES POMMES

Au cœur de l'hiver, au rayon fruits, on n'a bien souvent plus que des pommes à se mettre sous la dent, et on tourne en rond pour savoir comment les utiliser. Comme on a épuisé les réserves de confiture de l'été, cela tombe bien : on va pouvoir les remplacer par des pommes à tartiner !

BEURRE DE POMME-AMANDE

4 pommes, 2 c. à soupe bombées de purée d'amande blanche, ½ c. à café d'agar-agar

Éplucher les pommes et les couper en morceaux. Les placer dans une casserole, avec 2 c. à soupe d'eau. Laisser compoter sur feu doux pendant 20 minutes environ. À ce stade, appuyer un peu sur les morceaux de pomme pour recueillir un maximum de jus de cuisson. Réserver ce jus et mixer les pommes séparément, avec la purée d'amande. Replacer le jus dans la casserole et ajouter l'agar-agar. Si la quantité de jus est inférieure à 150 ml, incorporer un peu d'eau pour compléter. Porter à frémissements et laisser frémir pendant 20 secondes environ. Mélanger avec la purée de pomme-amande. Mettre en pot et conserver au frais.

PÂTE À TARTINER POMME-DATTE ➢

250 g de dattes séchées, 1 pomme, ½ c. à café de cannelle en poudre, 1 bouchon d'eau de fleur d'oranger

Dénoyauter les dattes et les cuire à la vapeur pendant 10 minutes. Peler la pomme et la couper en morceaux. Mixer avec les dattes pour obtenir une purée. Ajouter la cannelle et la fleur d'oranger. Mettre en pot et conserver au frais.

POUR CHANGER

- **Pâte à tartiner à la pomme et aux fruits séchés :** sur le modèle de la pâte à tartiner pomme-datte, on peut utiliser d'autres fruits séchés (abricots, figues...), que l'on aura choisis moelleux ou réhydratés quelques minutes dans un peu de thé chaud. Pour plus de moelleux, on peut également ajouter 1 c. à soupe de purée d'amande ou de noisette.
- **Beurre de fruits :** sur le modèle du beurre de pomme, on peut réaliser du beurre de pêche ou de poire.

AVEC DES TOMATES

Les tomates ne sont pas les fruits les plus faciles à tartiner. Très aqueuses, elles n'offrent pas un support idéal pour les pâtés. Mais avec quelques astuces – les sécher, les mélanger avec de la mie de pain ou une céréale –, on arrive à profiter de leur saveur estivale.

CRÈME DE TOMATE AU PAPRIKA ➢

1 grosse tomate cœur-de-bœuf, 110 g de fromage de chèvre frais,
6 tomates séchées marinées à l'huile d'olive, 1 bonne pincée de sel,
1 c. à café de paprika doux

Couper la tomate et ôter les pépins. Mixer avec le fromage et les tomates séchées. Saler, épicer. Mettre en pot et conserver au frais.

PÂTÉ VÉGÉTAL AUX TOMATES

4 tomates, 140 g de pain complet, 2 c. à café de vinaigre balsamique,
4 c. à café de câpres, 2 c. à café de purée d'ail, 2 c. à soupe d'huile d'olive,
1 c. à café de moutarde forte, 1 bonne pincée de sel

Couper les tomates dans un saladier, en ôtant le pédoncule. Conserver les pépins et le jus. Ajouter le pain émietté. Laisser le pain s'imbiber du jus des tomates pendant quelques minutes, puis mixer avec le reste des ingrédients. Placer dans une cocotte en verre ou dans une terrine (si possible munie d'un couvercle) et enfourner pour 30 minutes à 180 °C. Servir frais.

POUR CHANGER

- **Crème de poivron à la tomate :** mixer 1 poivron rouge cuit à la vapeur et pelé avec 1 tomate ébouillantée et émondée, 250 g de tofu ferme et 1 bouquet de basilic frais.

MON PLACARD
POUR UNE TARTINE

C'est dimanche et, vous en êtes certain(e), vous n'avez plus rien à cuisiner ? Ouvrez vos placards et vérifiez tout au fond de votre frigo : on y trouve, à coup sûr, quelque chose de délicieux à tartiner.

AVEC DES CONSERVES MÉRIDIONALES

Tomates confites, artichauts ou poivrons marinés, olives... On en a toujours sous la main et ils sont tellement gorgés de saveur qu'on pourrait presque les tartiner tout seuls.

HOUMOUS D'ARTICHAUT MARINÉ AUX HARICOTS BLANCS ➢

60 g d'artichauts marinés (poids net égoutté), 240 g de haricots blancs (poids net égoutté), 2 c. à soupe d'huile de marinade des artichauts, 1 bonne pincée de sel

Mixer le tout, mettre en pot et conserver au frais.

RILLETTES DE TOMATE SÉCHÉE ET PIGNON

50 g de pignons de pin, 50 g de tomates séchées, 30 g de câpres, 1 petite tranche de pain complet, 3 c. à soupe d'huile d'olive, 1 c. à café de purée d'ail, 150 g de tofu soyeux, 1 pincée de sel

Torréfier les pignons, au four ou à la poêle, pendant 5 à 10 minutes. Les placer dans le bol du mixeur, avec les tomates hachées, les câpres, le pain émietté, l'huile, l'ail, le tofu et le sel. Mixer plus ou moins finement selon la consistance désirée. Mettre en pot et conserver au frais.

POUR CHANGER

- **Tartinade de poivron grillé :** mixer 1 bocal de poivrons grillés égoutté avec 1 boîte de pois chiches bien rincés. Ajouter un peu d'huile des poivrons pour rendre le mélange plus onctueux. Saler à discrétion.
- **Pâté vert aux artichauts marinés :** mixer 2 belles poignées de jeunes pousses d'épinard avec 100 g d'artichauts marinés, un peu de sel et 100 g de chèvre frais.

AVEC DES HARICOTS AZUKIS

Note pour plus tard : toujours avoir un paquet de haricots azukis dans son placard ! Ces petits haricots japonais violets, très tendres, constituent au Pays du Soleil Levant la base du Nutella© local, l'anko, une pâte très sucrée qui n'est pas sans rappeler la crème de marron. En version salée, c'est tout aussi délicieux.

PÂTE D'AZUKI FAÇON CRÈME DE MARRON ➢

1 gousse de vanille, 200 g de haricots azukis cuits (pesés crus, 80 g environ), 120 g de sucre de canne blond

Ouvrir et gratter la gousse de vanille. Placer tous les ingrédients dans une casserole. Cuire à feu doux pendant 30 minutes environ, pour que le sucre soit bien fondu et que les haricots s'écrasent facilement. Mixer pour obtenir une pâte bien homogène. Si elle est un peu liquide, l'assécher en la remuant sur feu moyen. Mettre en pot et conserver au frais.

CRÈME D'AZUKI AUX ALGUES

100 g de haricots azukis, 4 c. à soupe d'algues séchées en paillettes (dulse, nori, wakamé…), 1 c. à soupe de purée de sésame, 1 c. à soupe d'huile de sésame toasté, 1 filet de jus de citron, 1 bonne pincée de sel

La veille, mettre les haricots à tremper dans une grande quantité d'eau. Rincer, couvrir largement d'eau puis cuire pendant 1 h 15 à frémissements. Égoutter et mixer finement, avec les autres ingrédients. Mettre en pot et conserver au frais.

POUR CHANGER

- **Houmous d'azuki au sésame et au gingembre :** mixer 200 g d'azukis (pesés cuits) avec 2 cm de gingembre fraîchement râpé, 2 c. à soupe de purée de sésame et le jus de 1 citron jaune.

AVEC DES LENTILLES

Comme toutes les légumineuses, les lentilles offrent une consistance épaisse et farineuse qui constitue un support idéal pour les tartinades et les pâtés. Goûteuses et rustiques, elles sont vraiment parfaites sur une bonne tranche de pain grillé, ce qui tombe très bien : complétées par des céréales (pain, galettes de riz, etc.), elles permettent d'obtenir des protéines complètes.

PÂTÉ VÉGÉTAL AUX LENTILLES CORAIL ET AUX NOIX ➢

1 grand verre de lentilles corail (150 à 200 g environ), 4 échalotes, 25 g de cerneaux de noix, 80 g de noix de cajou, 1,5 c. à café de zaatar, 1 bonne pincée de sel

Cuire les lentilles corail dans une grande quantité d'eau, pendant 15 minutes. Égoutter. Mixer les échalotes avec les noix et les noix de cajou. Incorporer aux lentilles, en écrasant le tout à la fourchette. Ajouter le zaatar, saler. Mettre en pot et conserver au frais.

PÂTÉ VÉGÉTAL AUX LENTILLES VERTES ET AUX ALGUES

1 verre de lentilles vertes, 1 citron jaune, 1 c. à soupe de tahin, 1 c. à soupe d'huile d'olive, 1 c. à soupe de dulse séchée, 1 bonne pincée de sel

Cuire les lentilles pendant 20 minutes dans de l'eau frémissante. Les mixer avec le jus du citron, le tahin, l'huile, l'algue séchée et le sel. Mettre en pot et conserver au frais.

POUR CHANGER

- **Pâte à tartiner aux lentillons et au fromage de chèvre :** cuire 1 verre de lentillons puis les mixer avec 1 fromage de chèvre frais, 1 filet de jus de citron, un peu d'huile d'olive et les herbes et épices de son choix.
- **Pâte à tartiner aux lentilles blondes et au curry :** cuire 1 verre de lentilles blondes, avec 1 c. à café de curry en poudre, dans 1 verre d'eau et 1 verre de lait de coco. Une fois les lentilles cuites, mixer en ajoutant de la coriandre fraîchement ciselée.

AVEC DES GRAINES DE TOURNESOL

Les graines de tournesol, une fois trempées et mixées, sont une base formidable pour toutes sortes de pâtes à tartiner. N'oubliez pas de bien aromatiser le beurre de graine de tournesol, car il est assez fade au naturel.

BEURRE DE TOURNESOL AUX *CRANBERRIES* ➢

60 g de graines de tournesol, 100 g de *cranberries* séchées, 1 grand verre de jus d'orange, ½ c. à café de cannelle en poudre, ½ c. à café de gingembre en poudre

La veille, faire tremper les graines de tournesol dans un bol d'eau. Faire également tremper les *cranberries*, dans le jus d'orange. Le jour J, ôter les petites peaux des graines de tournesol qui remontent à la surface dès que l'on mélange un peu et passer les graines au hachoir électrique. Égoutter les *cranberries*, en conservant le jus d'orange. Mixer les *cranberries* avec les graines de tournesol et ajouter un peu de jus d'orange pour obtenir une consistance onctueuse. Ajouter les épices, mixer brièvement, mettre en pot et conserver au frais.

BEURRE DE TOURNESOL À LA BETTERAVE

65 g de graines de tournesol, ½ betterave crue, 4 c. à soupe d'huile de noix, 50 g de fromage de brebis frais, 1 échalote, 1 bonne pincée de sel

La veille, faire tremper les graines de tournesol dans un bol d'eau. Le jour J, ôter les petites peaux qui remontent à la surface dès que l'on mélange un peu et passer les graines au hachoir électrique. Ajouter la betterave coupée en dés, l'huile, le fromage, l'échalote grossièrement hachée et le sel. Mixer pour obtenir une purée fine. Mettre en pot et conserver au frais.

LA BASE

• **Beurre de tournesol nature :** la veille, faire tremper des graines de tournesol dans un bol d'eau. Le jour J, ôter les petites peaux qui remontent à la surface dès que l'on mélange un peu et passer les graines au hachoir électrique, en ajoutant quelques cuillerées d'huile (de tournesol, d'olive ou de colza). Il est important d'ajouter de l'huile et non de l'eau, sinon le mélange devient gélatineux. On peut utiliser ce beurre comme de la purée de sésame.

AVEC DES ALGUES

Il est vraiment simple d'avoir toujours des algues à portée de la main. Conservées au sel (au rayon frais des magasins bio) ou séchées (aux rayons épicerie et produits japonais), elles se conservent pendant des mois, voire des années. Un concentré de goût idéal à tartiner pour un aller simple vers le bord de mer... Il ne manque que les cris des mouettes !

TARTARE D'ALGUES ➢

60 g d'algues fraîches conservées au sel, 5 gros cornichons, 2 c. à café de câpres, 2 c. à café de purée d'ail ou 2 gousses d'ail, le jus de 1 citron jaune, 2 c. à soupe d'huile d'olive

Dessaler les algues en les trempant 3 fois dans un bol d'eau claire. Il suffit de les tremper rapidement et de changer l'eau, l'opération ne prend que 1 minute. Les placer dans le bol du mixeur, avec les autres ingrédients, et mixer grossièrement. Mettre en pot et conserver au frais.

TARTINADE DE FROMAGE FRAIS AU CITRON ET À L'ALGUE NORI

250 g de fromage frais (ricotta, brousse ou chèvre frais par exemple), 1 citron confit au sel, 1 feuille d'algue nori, ½ bouquet de persil plat, 1 c. à soupe de gomasio

Battre le fromage à la fourchette. Hacher très finement le citron et émietter l'algue nori. Hacher le persil. Mélanger tous les ingrédients. Mettre en pot et conserver au frais.

POUR CHANGER

- **Tartare d'algues à l'avocat :** ajouter 1 ou 2 avocats à la recette du tartare d'algues ci-dessus et mixer finement.
- **Tartare d'algues au fromage :** ajouter 100 g de fromage de brebis frais à la recette de base du tartare d'algues.

AVEC DES DATTES

Les dattes, fruits riches en vitamines et en fibres, sont un ingrédient fantastique pour réaliser des pâtes à tartiner naturellement sucrées et onctueuses. Choisissez-les le plus fraîches possible afin qu'elles soient bien tendres.

PÂTE À TARTINER DATTE-ABRICOT ➢

175 g de dattes séchées, 125 g d'abricots séchés, 2 c. à café de thé rouge, 2 c. à soupe de purée d'amande complète

Dénoyauter les dattes. Couper les dattes et les abricots séchés en deux. Préparer 1 litre de thé rouge. Le verser dans une casserole, avec les dattes et les abricots. Cuire à feu doux pendant 30 minutes. Filtrer en réservant le thé. Mixer les fruits réhydratés avec la purée d'amande, en ajoutant un peu de thé pour obtenir une consistance onctueuse. Mettre en pot et conserver au frais.

PÂTE À TARTINER AUX DATTES ET À LA NOIX DE COCO

250 g de dattes séchées, 20 g de noix de coco en poudre, 2 c. à soupe de purée de cajou

Dénoyauter les dattes et les cuire pendant 10 minutes à la vapeur. Les mixer avec la noix de coco et la purée de cajou. Ajouter un petit peu d'eau de cuisson des dattes pour obtenir une consistance bien onctueuse. Mettre en pot et conserver au frais.

POUR CHANGER

- **Pâte à tartiner aux dattes et au gingembre :** mixer 80 g de dattes medjool pas trop sèches (dénoyautées) avec le jus de 1 citron vert, 1 c. à café de purée de gingembre et 80 g de purée d'amande.
- **Pâte à tartiner datte-chocolat :** mixer 150 g de dattes cuites à la vapeur avec un peu de jus de cuisson, 30 g de cacao en poudre et 1 grosse c. à soupe de purée de noisette.

AVEC DU MISO

À l'ouverture d'un bocal de miso, le cuisinier novice pourrait presque croire qu'il s'agit d'une célèbre pâte à tartiner choco-noisette. Loin s'en faut : si le miso en a la consistance et l'aspect, il n'en a pas le goût. Cette pâte de soja fermenté est très goûteuse et salée, idéale pour apporter du caractère aux pâtes à tartiner. À noter : le miso blanc (shiro miso) est plus doux que le miso brun (d'orge ou de riz) et légèrement acidulé.

PÂTÉ VÉGÉTAL AU MISO ➢

50 g de miso d'orge, 120 g de tahin, 30 ml d'eau, 2 échalotes, ½ bouquet de persil ou de ciboulette

Dans le bol du mixeur, placer le miso, le tahin et l'eau. Ajouter les échalotes pelées et hachées, ainsi que les herbes fraîchement ciselées. Mixer. Mettre en pot et conserver au frais.

PÂTE À TARTINER AU MISO BLANC ET AUX LENTILLES CORAIL

1 verre de lentilles corail, 1 feuille de laurier, 1 pincée de sel, 1 c. à soupe de miso blanc (shiro miso), 1 oignon jaune

Verser les lentilles dans une casserole. Ajouter 2 verres d'eau et la feuille de laurier. Cuire à feu moyen pendant 10 minutes, puis laisser gonfler à couvert pendant 5 minutes. Mixer avec le sel, le miso et l'oignon pelé et grossièrement haché. Laisser refroidir. Mettre en pot et conserver au frais.

POUR CHANGER

- **Tofunade au miso et aux noix :** mixer 250 g de tofu avec 1 grosse c. à soupe de miso d'orge, 8 cerneaux de noix et 2 c. à soupe d'huile de noix.

AVEC DE LA PÂTE OU DE LA PURÉE D'AMANDE

L'amande est un véritable trésor à tartiner. Riche en calcium, douce et tendre, elle se mixe facilement pour devenir une délicate purée d'amande (voir méthode page 12) qui vient donner de l'onctuosité aux beurres de fruits et aux caviars de légumes. Version pâte d'amande, riche en sucre, elle peut être mixée avec des fruits pour donner une pâte à tartiner veloutée et gourmandissime.

CRÈME D'AMANDE À L'ORANGE CONFITE ➢

100 g de purée d'amande blanche (maison ou du commerce), 50 g d'écorces d'orange confites, 2 c. à soupe de sirop de blé ou de sirop de riz

Disposer la purée d'amande dans le bol du mixeur. Couper les écorces d'orange confites en petits dés et les placer dans le mixeur. Ajouter le sirop de blé (ou de riz). Mixer longuement pour obtenir une pâte bien homogène. Si elle paraît trop épaisse, on peut ajouter un peu d'eau. Mettre en pot et conserver au frais.

PÂTE D'AMANDE-ABRICOT À TARTINER

150 g d'abricots, 200 g de pâte d'amande

Cuire les abricots en compote. Les mixer finement, avec la pâte d'amande. Mettre en pot et conserver au frais.

POUR CHANGER

- **Amlou, pâte à tartiner marocaine :** mélanger 2 c. à soupe de purée d'amande blanche, 2 c. à soupe de miel d'acacia et 2 c. à soupe d'huile d'argan.
- **Pâte à tartiner à l'oignon rouge :** mixer 1 oignon rouge avec 2 c. à soupe de purée d'amande blanche.

AVEC DU PAIN ET DES BISCUITS

En dernier recours, il reste toujours, au fond du placard, quelques tranches de pain, des biscottes ou des biscuits. Ça tombe bien, même avec ça, il est possible de réaliser de très bonnes pâtes à tartiner !

PÂTE DE SPÉCULOOS ➢

80 g de spéculoos, 50 g de miel, 30 g de crème d'amande liquide, 50 g de purée de cajou

Réduire les biscuits en poudre fine. Dans une petite casserole, chauffer le miel avec la crème sans les faire bouillir, simplement pour rendre le tout bien liquide. Ajouter à la poudre de biscuits, dans le bol du mixeur, avec la purée de cajou. Mixer pour obtenir une consistance bien crémeuse. Mettre en pot et conserver au frais.

PÂTÉ VÉGÉTAL AUX CHAMPIGNONS

350 g de champignons frais, surgelés ou réhydratés (shiitakés ou champignons de Paris), 2 c. à soupe d'huile d'olive, 1 grosse tranche de pain complet, 100 ml de bouillon de légumes, 1 c. à café de purée d'ail, 1 c. à soupe de miso

Peler et émincer les champignons. Les faire revenir dans l'huile jusqu'à ce qu'ils aient absorbé tout leur jus. Pendant ce temps, faire tremper le pain dans le bouillon de légumes chaud. Mixer les champignons avec le pain, l'ail, le miso et un peu de bouillon pour obtenir une consistance crémeuse mais bien ferme. Mettre en pot et conserver au frais.

POUR CHANGER

- **Pâte de spéculoos au chocolat :** à la recette initiale, ajouter 50 à 100 g de chocolat au lait ou blanc fondu.
- **Pâte à tartiner à l'abricot et au pain d'épices :** mixer 150 g de compote d'abricots (maison ou en conserve) avec 3 belles tranches de pain d'épices.

INDEX DES RECETTES SALÉES

Beurre de tournesol à la betterave ... **58**
Beurre de tournesol nature ... **58**
Caviar d'aubergine au yaourt de brebis ... **22**
Caviar d'aubergine épicé ... **22**
Caviar d'aubergine fumé ... **22**
Caviar de ratatouille ... **22**
Crème d'azuki aux algues ... **54**
Crème de poivron à la tomate ... **48**
Crème de tomate au paprika ... **48**
Crudinade à la pomme et aux graines germées ... **40**
Crudinade carotte-mangue ... **36**
Crudinade de carotte aux graines de courge ... **36**
Faux-mage à tartiner à l'ail et aux fines herbes ... **28**
Faux-mage à tartiner lactofermenté ... **28**
Faux-mage de cajou ... **28**
Fromage blanc végétal aux fines herbes ... **28**
Guaca-chèvre ... **20**
Guaca-houmous ... **20**
Guacamole classique ... **20**
Guacamole iodé ... **20**
Guaca-petit-pois ... **42**
Houmous à la libanaise ... **18**
Houmous d'artichaut mariné aux haricots blancs ... **52**
Houmous d'azuki au sésame et au gingembre ... **54**
Houmous de haricot blanc ... **18**
Houmous de petit pois ... **42**
Houmous light ... **18**
Houmous presque cru ... **18**
Houmous rose ... **18**
Houmous vert ... **18**
Pâte à tartiner à la courgette et aux pois cassés ... **42**
Pâte à tartiner à l'oignon rouge ... **66**
Pâte à tartiner au miso blanc et aux lentilles corail ... **64**
Pâte à tartiner aux lentilles blondes et au curry ... **56**
Pâte à tartiner aux lentillons et au fromage de chèvre ... **56**
Pâte à tartiner aux petits pois et à la menthe ... **42**
Pâte à tartiner aux poivrons grillés ... **38**
Pâte à tartiner carotte-cacahuète ... **36**
Pâte à tartiner carotte-miso ... **36**
Pâte à tartiner poivron-chèvre ... **38**
Pâte à tartiner vert tendre ... **40**
Pâté végétal à la mexicaine ... **38**
Pâté végétal au miso ... **64**
Pâté végétal aux champignons ... **26, 68**
Pâté végétal aux lentilles corail et aux noix ... **56**
Pâté végétal aux lentilles vertes et aux algues ... **56**
Pâté végétal aux tomates ... **48**
Pâté végétal noix-tournesol ... **26**
Pâté végétal poivron-miso ... **38**

Pâté vert aux artichauts marinés **52**
Rillettes crues au fenouil **26**
Rillettes de soja **26**
Rillettes de tomate séchée et pignon **52**
Tapenade à l'orange **24**
Tapenade d'olive noire au tofu **24**
Tapenade d'olive verte aux amandes **24**
Tapenade douce aux fèves **24**
Tartare d'algues **60**
Tartare d'algues à l'avocat **60**
Tartare d'algues au fromage **60**
Tartinade de fromage frais au citron et à l'algue nori **60**
Tartinade de poivron grillé **52**
Tofunade au miso et aux noix **64**

INDEX DES RECETTES SUCRÉES

Amlou, pâte à tartiner marocaine **66**
Beurre de fruits **46**
Beurre de myrtille **44**
Beurre de pomme-amande **46**
Beurre de tournesol aux *cranberries* **58**
Cherry curd à l'amande **44**
Crème d'agrumes **32**
Crème d'amande à l'orange confite **66**
Fruits rouges à tartiner **44**
Lemon curd **32**
Lemon curd qui change **32**
Lemon curd sans œufs **32**
Pâte à tartiner à l'abricot et au pain d'épices **68**
Pâte à tartiner à la pomme et aux fruits séchés **46**
Pâte à tartiner aux dattes et à la noix de coco **62**
Pâte à tartiner aux dattes et au gingembre **62**
Pâte à tartiner datte-abricot **62**
Pâte à tartiner datte-chocolat **62**
Pâte à tartiner noisette-chocolat **30**
Pâte à tartiner pomme-datte **46**
Pâte à tartiner pruneau-cacao **30**
Pâte d'amande-abricot à tartiner **66**
Pâte d'azuki façon crème de marron **54**
Pâte de spéculoos **68**
Pâte de spéculoos au chocolat **68**

Achevé d'imprimer en janvier 2011.